L'AVENIR DE L'EUROPE

LES BOURBONS ACTUELS

ÉTAT DE LA MAISON DE BOURBON
NOMS, PRÉNOMS, AGES, TITRES, ALLIANCES
DES PRINCES ET PRINCESSES
DES DIVERSES BRANCHES
TABLEAUX GÉNÉALOGIQUES

PARIS

LIBRAIRIE HENRI ANIÉRÉ
ISSOIS ET Cⁱᵉ, SUCCESSEURS
4, RUE DUPUYTREN, 4

F. AUREAU. — Imprimerie de Lagny.

LES BOURBONS ACTUELS

ÉTAT DE LA MAISON DE BOURBON

NOMS, PRÉNOMS, ACTES, TITRES, ALLIANCES

DES PRINCES ET PRINCESSES

DES DIVERSES BRANCHES

TABLEAUX GÉNÉALOGIQUES

PARIS

LIBRAIRIE HENRI ANIÉRÉ

A. BROUSSOIS ET Cⁱᵉ, SUCCESSEURS

4, RUE DUPUYTREN, 4

1874

L'AVENIR

DE

L'EUROPE

Le 5 août dernier, M. le Comte de Paris venait à Frohsdorf saluer en son nom et au nom de sa famille M. le Comte de Chambord comme le seul représentant de la Monarchie Traditionnelle en France.

Cet événement si considérable a tout de suite reporté les esprits, tant en France qu'en Europe, vers cette Maison de Bourbon, si grande dans les annales de l'histoire. Beaucoup de personnes ont voulu connaître les augustes Princes qui la composent actuellement, car, de nos jours, ce que l'on sait le moins, c'est l'histoire contemporaine : on ignore, on ne connaît que fort superficiellement une foule d'événements ; les noms des acteurs vous échappent.

Que ceux qui ont pu croire que le vieux et noble sang de la Maison de Bourbon était épuisé se détrompent. Quarante-cinq

Princes, cinquante-quatre Princesses, voilà son état actuel.

Ajoutez à quatorze cents ans de gloire un demi-siècle de malheurs inouïs, et il y en aura encore assez pour la proclamer, suivant la belle expression du Père Lacordaire : « la plus illustre des Maisons royales après celle de David. »

Dans cette race, tout échappe au commun des destinées humaines, tout y est grand, la gloire comme les malheurs.

Elle a donné des Rois à toute l'Europe, à la France, au Portugal, aux Espagnes, à la Sicile, à Naples, à la Navarre, à la Hongrie, à la Pologne ; des Ducs à la Bourgogne, à la Bretagne et à Parme. Elle a donné à l'Église un saint, Louis IX, et plusieurs saintes ; un martyr, Louis XVI.

Ses Princes ont versé leur sang sur tous les champs de bataille de l'Europe, portant au loin le respect de leur pays et la gloire de ses armes. On les a vus protéger les arts, les sciences et les lettres, émanciper le peuple, créer la bourgeoisie, favoriser le commerce, l'agriculture et l'industrie. Quand le dernier Roi Très-Chrétien s'est retiré pour éviter une guerre civile, son drapeau sans tache flottait sur les murs d'Alger.

La démagogie révolutionnaire a voué à cette Maison une haine implacable : elle l'a poursuivie sans relâche, semant partout

des préjugés et des calomnies ; elle l'a dé-
pouillée petit à petit des trônes qu'elle oc-
cupait.

Pourquoi ? C'est parce qu'entre toutes
les Maisons de l'Europe, la Maison de Bourbon est la plus noble, la plus puissante,
celle qui représente le mieux l'idée chrétienne, conservatrice.

Tout a été bon contre elle, le poignard,
les fers, la trahison, la lâcheté. Nous en
avons pour témoins l'échafaud de la place
Louis XV, la Tour du Temple, les fossés de
Vincennes, le siége de Gaëte et la capitula-
tion de Vergara.

Le jour où a retenti cette parole : Il n'y
a plus de Bourbons sur le trône ! la révolution s'est crue libre et a jeté son masque.

L'expérience ne l'a que trop démontré :
la chute des Bourbons a été partout le
point de départ de désastres et de calami-
tés inouïs.

Les peuples l'ont enfin compris.

A l'heure présente, un vaillant Prince
combat en Espagne pour arracher sa patrie aux fureurs des démagogues, et nous
voyons luire en France l'aurore d'une pro-
chaine restauration monarchique.

La Maison de Bourbon est à la veille de
remonter sur les trônes qui lui appartien-
nent, à la plus grande joie de tous les gens
honnêtes.

On se dit que si elle est la vivante représentation du passé, elle l'est aussi du présent, qu'elle seule peut nous donner la sécurité de la veille et la tranquillité du lendemain.

L'avenir de l'Europe semble se reposer sur elle, et c'est à juste titre qu'on peut en espérer la solution des problèmes sociaux de notre époque.

« Toujours, écrivait en 1809 M. de Maistre, avec cette intuition de l'avenir qui ne l'a jamais trompée, toujours il sortira quelque chose de dessous terre qui prolongera les convulsions, et l'on ne cessera de se massacrer *jusqu'à ce que la Maison de Bourbon soit à sa place.* Lorsqu'on arrache une Maison royale de la sienne, le vide qu'elle laisse se remplit de sang humain ; mais le vide laissé par la Maison de France est un gouffre, et quel sang n'y a pas coulé depuis Calcutta jusqu'à Tornéo. »

GRAND.

FRANCE

BRANCHE AINÉE

S. M. HENRI V

La vie de ce Monarque ne saurait être esquissée brièvement. Nous renvoyons nos lecteurs aux biographies publiées sur lui. Qu'ils nous permettent de citer ici seulement ces lignes d'un de ses adversaires politiques.

« Le Comte de Chambord est la plus belle tête de Prince de l'Europe. Sa beauté physique n'est sur ses traits que le reflet de la beauté morale. La franchise, la loyauté, la bienveillance éclairent son regard. L'intelligence illumine son front. L'ensemble de sa figure représente cette harmonie et cette pureté de lignes dont le pinceau de Raphaël ou le ciseau de Phidias peuvent seuls reproduire le caractère et les effets. Tout en lui, l'expression des yeux, les tons du visage, l'accent de la voix, la cadence des gestes, les mouvements de la main décèlent cette virilité d'une âme saine qu'aucun souffle n'a desséchée, qu'aucun poison n'a altérée, qu'aucun

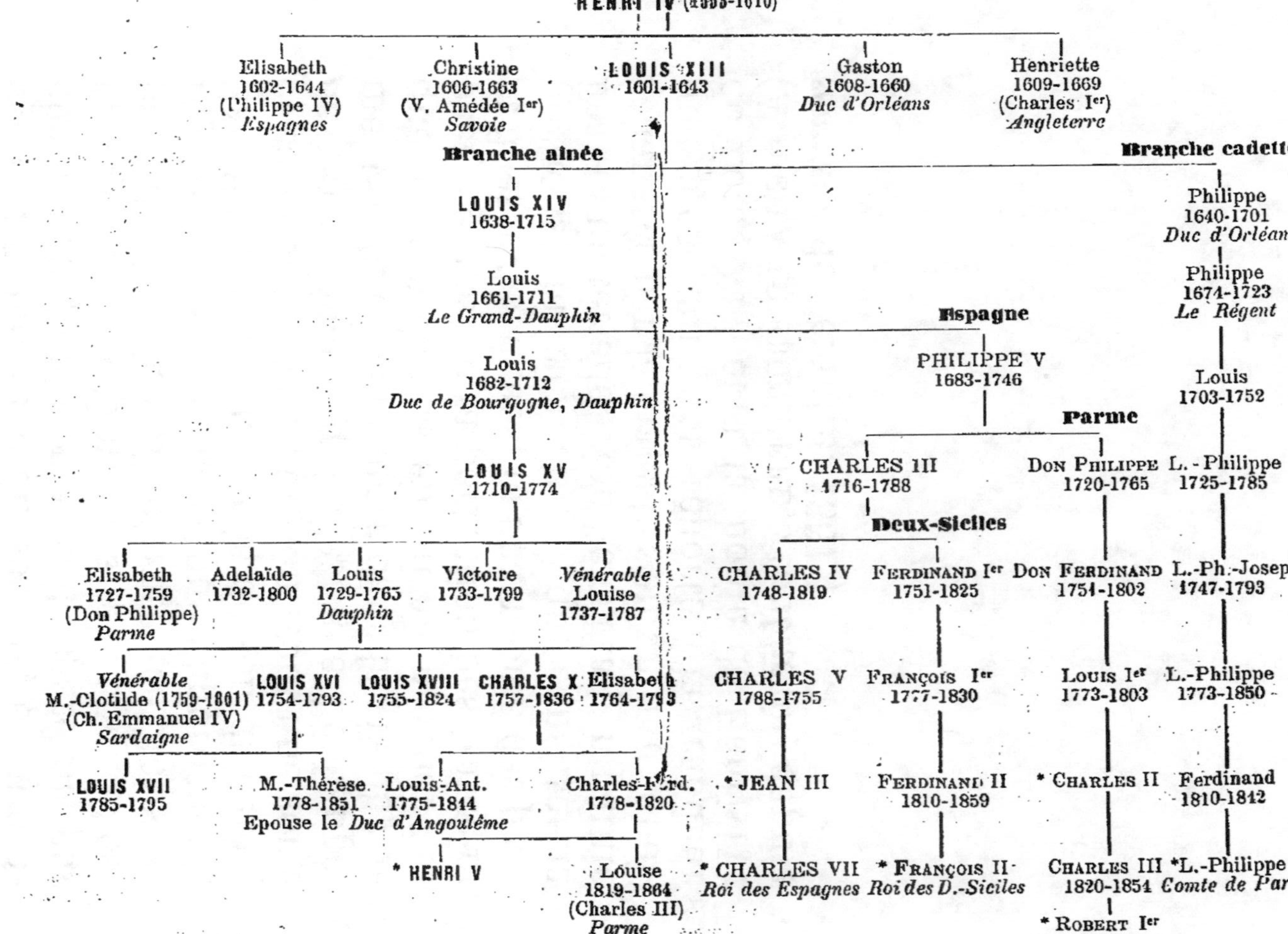

FRANCE. — Branche aînée. — Origine des diverses Branches de la Maison de Bourbon.

HENRI IV (1553-1610)

Elisabeth
1602-1644
(Philippe IV)
Espagnes

Christine
1606-1663
(V. Amédée Ier)
Savoie

LOUIS XIII
1601-1643

Gaston
1608-1660
Duc d'Orléans

Henriette
1609-1669
(Charles Ier)
Angleterre

Branche aînée

Branche cadette

LOUIS XIV
1638-1715

Philippe
1640-1701
Duc d'Orléans

Louis
1661-1711
Le Grand-Dauphin

Philippe
1674-1723
Le Régent

Espagne

Louis
1682-1712
Duc de Bourgogne, Dauphin

PHILIPPE V
1683-1746

Louis
1703-1752

Parme

LOUIS XV
1710-1774

CHARLES III
1716-1788

Don Philippe
1720-1765

L.-Philippe
1725-1785

Deux-Siciles

Elisabeth
1727-1759
(Don Philippe)
Parme

Adelaïde
1732-1800

Louis
1729-1765
Dauphin

Victoire
1733-1799

Vénérable
Louise
1737-1787

CHARLES IV
1748-1819

FERDINAND Ier
1751-1825

Don FERDINAND
1754-1802

L.-Ph.-Joseph
1747-1793

Vénérable
M.-Clotilde (1759-1801)
(Ch. Emmanuel IV)
Sardaigne

LOUIS XVI
1754-1793

LOUIS XVIII
1755-1824

CHARLES X
1757-1836

Elisabeth
1764-1793

CHARLES V
1788-1755

FRANÇOIS Ier
1777-1830

Louis Ier
1773-1803

L.-Philippe
1773-1850

LOUIS XVII
1785-1795

M.-Thérèse
1778-1851
Epouse le Duc d'Angoulême

Louis-Ant.
1775-1814

Charles-Ferd.
1778-1820

JEAN III

FERDINAND II
1810-1859

CHARLES II
1810-1812

Ferdinand

HENRI V

Louise
1819-1864
(Charles III)
Parme

CHARLES VII
Roi des Espagnes

FRANÇOIS II
Roi des D.-Siciles

CHARLES III
1820-1854 Comte de Paris

L.-Philippe

ROBERT Ier
Duc de Parme

vice n'a dégradée. Cette âme, on la voit, on la sent, on l'entend, et cette transparence est si lumineuse qu'il semble, en approchant d'elle, qu'on n'en soit séparé que par une glace sans tain. Ainsi s'explique l'espèce de fascination qu'exerce ce Roi sans royaume sur tous ceux qui l'approchent. Sa tête est découronnée de son diadème, et cependant il y a sur son front une sorte de rayonnement qui n'est que l'échappement de la vie intérieure dans la vie physique. Ce qui frappe en lui au premier aspect, ce n'est ni la perfection des traits, ni la finesse des lignes, ni l'harmonie des proportions, ni rien de ce qui constitue la beauté matérielle. Non ! c'est la sympathie rehaussée par la majesté ; en un mot, quelque chose qui vous reporte à la grandeur de Louis XIV et à la bonté de Henri IV. (A. DE LA GUÉRONNIÈRE, *républicain*, depuis *senateur* de l'empire, 1851.)

I. MAISON ROYALE DE FRANCE

BRANCHE AINÉE

HENRI IV (1553-1610), Roi de France et de Navarre.

LOUIS XIII (1601-1643), fils et successeur de Henri IV.

LOUIS XIV (1638-1715), fils aîné et successeur de Louis XIII.

Louis (1661-1711), *le grand Dauphin*, fils de Louis XIV.

Louis (1682-1712), Dauphin, *Duc de Bourgogne*, 2ᵉ fils du précédent.

LOUIS XV (1710-1774), fils du précédent.

Louis (1729-1765), Dauphin, fils de Louis XV.

CHARLES X (1757-1836), 5ᵉ fils du précédent.

Charles-Ferdinand (1778-1820), *Duc de Berry*, 2ᵉ fils du précédent, père de

HENRI V

HENRI-CHARLES-FERDINAND-MARIE-DIEUDONNÉ D'ARTOIS, *Duc de Bordeaux*; Roi de France et de Navarre le 2 août 1830, par suite de l'abdication de son grand-père, le Roi Charles X, et la renonciation de son oncle, le Dauphin, Louis-Antoine d'Artois, Duc d'Angoulême; porte depuis le jour où il a quitté la France (16 août 1830) le titre de *Comte de Chambord*; *Chef actuel de la Maison de Bourbon*. Né au pavillon de Marsan, palais des Tuileries, le 29 septembre 1820. Deuxième fils de Charles-Ferdinand d'Artois, duc de Berry; et de *Caroline*-Ferdinande-Louise de Bourbon, fille du Roi des Deux-Siciles, François Ier, et de *Marie*-Clémentine-Joséphine - Jeanne de Lorraine (nièce de la Reine Marie-Antoinette). Marié à Brück-sur-la-Mur (Autriche), le 16 novembre 1846, à

MARIE - THÉRÈSE - Béatrix - Gaëtane d'Este (1), Archiduchesse d'Autriche, Princesse de Modène; fille du Duc de Modène, François IV, et de sa nièce et épouse, Marie-Béatrix-Victoire-Joséphine de Savoie, fille du Roi de Sardaigne (2), Victor-Emmanuel Ier. Née à Modène, le 14 juillet 1817.

(1) Voir *l'Ange de l'exil, Madame la Comtesse de Chambord*, par Grand. In-32 de 64 pages ; prix : 30 centimes ; *franco*, 40 centimes.

(2) Du chef de sa mère, Madame la Comtesse de Chambord se trouve la cousine-germaine de Victor-Emmanuel II.

BRANCHE CADETTE OU D'ORLÉANS

———

LL. AA. RR. Mgr LE COMTE DE PARIS ET Mgr LE DUC DE CHARTRES. — M. le Comte de Paris n'avait que dix ans lorsqu'éclata la révolution de 1848. Son éducation se fit dans l'exil ; elle fut commune avec celle de M. le Duc de Chartres, son frère, plus jeune que lui de deux ans. — Les deux Princes voulurent la compléter par une série de voyages : ils partirent en Orient visiter l'Égypte, la Palestine, le Sinaï, Constantinople et la Grèce. — En 1860, au moment où éclate aux États-Unis la terrible guerre de sécession, ils prennent du service dans l'armée fédérale et sont attachés à l'état-major du général Mac-Clellan. C'était la première campagne de M. le Comte de Paris, son frère avait pu faire dans l'armée sarde la campagne d'Italie. — Ce Prince s'est beaucoup occupé d'études d'économie politique, il a publié sur ce sujet des livres estimés. — Pendant la dernière guerre, M. le Duc de Chartres a pu prendre du service dans les armées françaises, sous le nom de Robert Le Fort, plus heureux que son oncle, M. le Prince de Joinville que le gouvernement de Tours fit immédiatement embarquer pour l'Angle-terre.

L'espace nous manque pour parler dignement des membres de cette Famille.

S. A. R. Mgr LE DUC DE NEMOURS. — Ce Prince est le moins connu : son mérite, pour être plus modeste, n'en est pas moins réel. C'est un de nos plus brillants officiers de cavalerie, il a fait ses preuves en Belgique et en Algérie. Il ressemble d'une manière frappante à son aïeul Henri IV.

M. LE COMTE D'EU, son fils aîné, que son mariage appelle à régner un jour sur le Brésil, a commandé en personne, avec un succès remarquable, l'expédition contre le Paraguay.

M. LE DUC D'ALENÇON, son second fils, a visité l'Océanie, le Japon, la Chine, les Indes. A l'exemple de son cousin, M. le Duc de Chartres, il a pris récemment du service dans l'armée française.

S. A. R. Mgr LE PRINCE DE JOINVILLE. — Voici le héros de Tanger, de Mogador et de Saint-Jean d'Ulloa, le marin par excellence, dont la bravoure et les saillies furent si populaires en France.

Son fils, M. LE DUC DE PENTHIÈVRE, semble avoir voulu rivaliser avec lui : navigateur intrépide, il a fait le tour du monde.

S. A. R. Mᴳᴿ **LE DUC D'AUMALE. —** Tout le monde connaît ses exploits en Afrique, son caractère ferme et résolu qui le fait passer pour le membre le plus influent de sa famille. — C'est un Prince « agile, robuste, entraîné, doué de bonne humeur et de franchise, causeur brillant, chasseur forcené, cavalier accompli ; à la fois écrivain, artiste, collectionneur passionné et doué des aptitudes les plus diverses. » — L'Académie française s'honore de le compter parmi ses membres. — Il a eu la douleur de perdre récemment le dernier de ses fils, M. le Duc de Guise, à peine âgé de dix-huit ans.

S. A. R. Mᴳᴿ **LE DUC DE MONTPENSIER.** — A partir de la révolution de 1848, la vie de ce Prince se trouve liée à l'histoire de l'Espagne. M. le Duc de Montpensier est général de brigade français.

BRANCHE CADETTE OU D'ORLÉANS

HENRI IV (1553-1610), Roi de France et de Navarre

LOUIS XIII (1601-1643), fils et successeur de Henri IV.

Philippe (1640-1701), Duc d'Orléans, 2ᵉ fils de Louis XIII, frère puîné de Louis XIV.

Philippe (1674-1723), *le Régent*, fils du précédent.

Louis (1703-1752), fils du précédent.

Louis-Philippe (1725-1785), fils du précédent.

Louis-Philippe-Joseph (1747-1793), fils du précédent.

Louis-Philippe (1773-1850), fils du précédent (1), père des 6 Princes dont les noms suivent :

II. — FERDINAND (1810-1842).

FERDINAND - PHILIPPE - LOUIS - CHARLES-HENRI D'ORLÉANS. Il avait épousé, à Fontainebleau, le 30 mai 1837, Hélène-*Louise-Elisabeth de Mecklembourg-*

(1) C'est le même qui fut roi des Français de 1830 à 1848.

Schwérin (1814-1858), fille du Grand-Duc de Mecklembourg-Schwérin, Frédéric-Louis, et d'*Auguste*-Frédérique de Hesse-Hombourg.

De ce mariage : le Comte de Paris et le Duc de Chartres.

I. — Louis-Philippe, Comte de Paris.

Louis-Philippe-Albert d'Orléans, premier Prince du sang (1), *Chef actuel de la Maison d'Orléans*. Né au palais des Tuileries, le 24 août 1838, marié à Kingston-sur-Tamise, près de Londres, le 30 mai 1864, à sa cousine-germaine.

Isabelle *d'Orléans*, fille du Duc de Montpensier (voir page 25).

De ce mariage :

    1° Marie-*Amélie*-Louise-Hélène d'Orléans née à York-House, près Twichkenham, (Angleterre), le 28 septembre 1865.

    2° *Louis-Philippe*-Robert d'Orléans, Duc d'Orléans, né à York-House, le 6 février 1869.

    3° *Hélène*-Françoise-Henriette d'Orléans, née à York-House, le 13 juin 1871.

II. — Robert, Duc de Chartres.

Robert-Philippe-Louis-Eugène-Ferdinand d'Orléans, né au palais des Tuileries, le 9 no-

(1) Tous les autres Princes de la Maison d'Orléans, sont Princes du sang.

vembre 1840 ; marié à Kingston, le 11 juin 1863, à sa cousine-germaine,

Françoise d'Orléans, fille du Prince de Joinville (voir page 23).

De ce mariage :

1º Marie-*Amélie*-Françoise-Hélène d'Orléans, née à Morgan-House, Ham-Common, le 13 janvier 1865.

2º *Robert*-Louis-Philippe-Ferdinand-François-Marie d'Orléans, né à Morgan-House, le 10 janvier 1866.

3º *Henri*-Philippe-Marie d'Orléans, né à Morgan-House, le 15 octobre 1867.

4º *Marguerite*-Louise - Marie - Françoise d'Orléans, née à Morgan-House, le 26 janvier 1869.

II. — LOUIS, DUC DE NEMOURS.

LOUIS - CHARLES - PHILIPPE - RAPHAEL D'ORLÉANS, né au Palais-Royal, le 25 octobre 1814 ; 2ᵉ fils de Louis-Philippe d'Orléans et de Marie-*Amélie*-Thérèse de Bourbon (fille du Roi des Deux-Siciles, Ferdinand IV) ; marié au palais de Saint-Cloud, le 27 avril 1840, à

Victoire-*Auguste-Antoinette de Saxe-Cobourg-Gotha* (1822-1857), fille de Ferdinand de Saxe-Cobourg-Gotha et de Marie-*Antoinette*-Gabrielle de Kohary.

De ce mariage : le Comte d'Eu et le Duc d'Alençon, les Princesses Marguerite et Blanche.

I. — Gaston, Comte d'Eu

Louis-Philippe-Marie-Ferdinand-Gaston d'Orléans, né au château de Neuilly, le 29 avril 1842; marié à Rio de Janeiro, le 15 octobre 1864, à

Dona Isabelle-*Christine-Léopoldine-Augustine-Michelle-Gabrielle-Raphaëlle-Gonzague de Bragance*, Princesse héritière du Brésil, fille de l'Empereur Dom Pedro II et de Dona Thérèse de Bourbon (voir page 48); née à Rio de Janeiro, le 29 juillet 1846.

II. — Ferdinand, Duc d'Alençon.

Ferdinand-Philippe-Marie d'Orléans, né au château de Neuilly, le 12 juillet 1844; marié à Possenhofen (Bavière), le 28 septembre 1868, à Sophie-*Charlotte-Augustine de Bavière*, sœur de la Reine des Deux-Siciles (voir page 45); née à Munich, le 22 février 1847.

De ce mariage :

1° *Louise*-Victoire-Marie-Amélie-Sophie d'Orléans, née à Bushy-Park, paroisse de Hampton, le 9 juillet 1869.

2° *Philippe*-Emmanuel-Maximilien-Marie-Eudes d'Orléans, né à Méran (Tyrol), le 22 janvier 1872.

III. — Marguerite, Princesse Czartoryska.

Marguerite-Adélaïde-Marie d'Orléans, née

au palais des Tuileries, le 16 février 1846 ; mariée le 15 janvier 1872 au Prince *Ladislas Czartoryski*, Duc de Klewan et de Zukow ; né le 3 juillet 1828, veuf le 19 août 1864, de Marie-Amparo, Comtesse de Viste-Alegre, fille de Dona Christine de Bourbon et du Duc de Rianzares. (Voir page 44.)

IV. — Blanche.

BLANCHE-MARIE-AMÉLIE-CAROLINE-LOUISE-VICTOIRE D'ORLÉANS, née à Claremont, le 28 octobre 1857.

III. — PRINCESSE CLÉMENTINE.

MARIE-CLÉMENTINE-CAROLINE-LÉOPOLDINE-CLOTILDE D'ORLÉANS, née au château de Neuilly, le 3 juin 1817 ; mariée au palais de Saint-Cloud, le 21 avril 1843, au Prince Auguste-Louis-Victor de Saxe-Cobourg-Gotha, né le 13 juin 1818 ; son fils, le Prince Auguste, a épousé la 2ᵉ fille de l'Empereur du Brésil, Dom Pédro II.

IV. — FRANÇOIS, PRINCE DE JOINVILLE.

FRANÇOIS-FERDINAND-PHILIPPE-LOUIS-MARIE D'ORLÉANS, né au château de Neuilly, le 14 août 1818 ; marié à Rio de Janeiro, le 1ᵉʳ mai 1843, à
Dona FRANÇOISE-*Caroline-Jeanne-Charlotte-Léopoldine-Janvière-Xavière-de-Paule-Michelle-*

Gabrielle-Raphaëlle-Gonzague de Bragance, fille de l'Empereur du Brésil, *Dom Pedro I*er, et de *Caroline*-Josèphe-Léopoldine d'Autriche, née à Rio de Janeiro, le 2 août 1824.

De ce mariage :

1° *Françoise*-Marie-Amélie d'Orléans, née au château de Neuilly, le 14 août 1844; mariée au Duc de Chartres. (Voir p. 20.)

2° *Pierre*-Philippe-Jean-Marie d'Orléans, *Duc de Penthièvre*, né au palais de Saint-Cloud, le 4 novembre 1845.

V. — HENRI, DUC D'AUMALE.

HENRI - EUGÈNE - PHILIPPE-LOUIS D'ORLÉANS, né au Palais-Royal, le 16 janvier 1822; il avait épousé, le 25 novembre 1844, sa cousine germaine,

Marie-Caroline-*Auguste de Bourbon*, (1822-1869) fille du Prince de Salerne. (Voir page 50.)

VI. — ANTOINE, DUC DE MONTPENSIER.

ANTOINE-MARIE-PHILIPPE-LOUIS D'ORLÉANS, né au château de Neuilly, le 31 juillet 1824 ; marié à Madrid, le 10 octobre 1846, à

Dona Louise *de Bourbon*, fille du Roi des Espagnes, Ferdinand VII. (Voir page 44.)

De ce mariage :

1° Marie-*Isabelle*-Françoise-d'Assise-Antonie - Louise - Ferdinande - Christine -

FRANCE. — Branche cadette ou d'Orléans.

Philippe
1640-1701
Duc d'Orléans

Anne-Marie
1669-1728
(Vict.-Amédée Ier)
Sardaigne

Philippe
1674-1723
le Régent

Élisabeth
1676-1744
(Léopold, Duc de Lorraine)
mère de l'Emp. François Ier
d'Allemagne

Louis
1703-1752

Charlotte-Aglaé
1700-1761
(François III)
Modène

Louis-Philippe
1725-1785

Louis-Philippe-Joseph
1747-1793

Louis-Philippe
1773-1850

Adélaïde
1777-1847

Ferdinand
1810-1842

Louise
1812-1850
(Léopold Ier)
Belgique

Marie
1813-1839
(Frédéric, duc
en Wurtemberg)

* Louis
Duc de Nemours

* Clémentine
(Prince A. de
Saxe-Cobourg)

* François
Prince de Joinville

* Henri
Duc d'Aumale

* Antoine
Duc de Montpensier

* Gaston
Comte d'Eu

* Marguerite
(Prince Czartoryski)

* Ferdinand
Duc d'Alençon

* Blanche

* Pierre
Duc de Penthièvre

* Françoise
(Duc de Chartres)

* Louise

* Philippe

L.-Philippe
1845-1866
Prince de Condé

Henri
1847-47
Duc de Guise

François-P.
1852-52
Duc de Guise

François-L.
1854-1872
Duc de Guise

* Isabelle
(Comte de Paris)

* Christine

* Ferdinand

* Marie-de-las-Mercedes

* Antoine

* Louis

* **Louis-Philippe**
Comte de Paris

* Robert
Duc de Chartres

* M.-Amélie

* Louis-Philippe
Duc d'Orléans

* Hélène

* M-Amélie

* Robert

* Henri

* Marguerite

Amélie-Philippe-Adélaïde-Josèphe-Hélène-Henriette-Caroline-Juste - Rufine-Gasparde - Melchiore - Balthasarde-Mathée d'Orléans, née à Séville, le 21 septembre 1848, mariée au Comte de Paris. (Voir page 19.)

2° Marie-*Christine*-Françoise-de-Paule-Antoinette d'Orléans, née à Séville, le 29 octobre 1852.

3° *Ferdinand*-Marie-Henri-Charles d'Orléans, né à San-Lucar-de-Barameda, le 29 mai 1859.

4° Marie-de-*las-Mercedes*-Isabelle-Françoise-d'Assise-Antonie-Louise-Ferdinande d'Orléans, née à Madrid, le 24 juin 1860.

5° *Antoine*-Marie-Louis-Philippe-Jean-Florence d'Orléans, né à Séville, le 23 février 1866.

6° *Louis*-Marie-Philippe-Antoine d'Orléans, né à Séville le 30 avril 1867.

ESPAGNE

S. M. CHARLES VII

Les derniers événements ont mis en relief la personne de ce Monarque. C'est un Prince éclairé, intelligent, instruit et d'un caractère plein d'énergie. De même que M. le Comte de Chambord et M. le Comte de Paris, son éducation s'est faite en exil. Sa mère, croyant l'avenir fermé pour lui, voulut le détacher de l'Espagne et l'attacher à l'Italie. Le jeune Prince montra une ténacité surprenante à déjouer toute surveillance : il trouvait toujours moyen de lire les vieilles chroniques espagnoles, de fréquenter des compatriotes et de parler avec eux de la patrie absente.

Son action politique ne commence qu'en 1868, lors de l'abdication de son père, peu après la chute d'Isabelle. Il se rendit alors à Paris, où vinrent bientôt le trouver tous les Espagnols qui avaient encore foi dans l'avenir de leur pays. Lors de la déclaration de guerre à la Prusse, il demanda de suivre les opérations militaires qui allaient avoir lieu sur nos frontières. Le gouvernement impérial lui intima, pour toute réponse, l'ordre de quitter la France et poussa l'obligeance jusqu'à lui fournir une escorte de gendarmes.

Il se retira à Genève. C'est de cette ville qu'il protesta contre les violences et les menaces faites aux *carlistes* par le gouvernement de don Amédée, au moment des élections.

Il descendit bientôt lui-même en Espagne chasser le prince savoyard. Il en appela aux armes, mais l'insurrection *carliste* ne prit une grande extension qu'après le départ d'Amédée.

M. Castelar a avoué récemment que les *carlistes* étaient au nombre de cinquante mille. Espérons que le jour est proche où il sera donné au descendant de Charles-Quint d'arracher son pays aux horreurs de la démagogie (1).

(1) Voir la *biographie de ce Prince* dans l'*Almanach Royaliste pour 1873*. Prix : 50 cent.; *franco :* 60 cent. Chez l'éditeur de cette brochure.

II. MAISON ROYALE DES ESPAGNES

HENRI IV (1553-1610), Roi de France et de Navarre.

LOUIS XIII (1601-1643), fils et successeur de Henri IV.

LOUIS XIV (1638-1715), fils aîné et successeur de Louis XIII.

Louis (1661-1711), *le Grand Dauphin*, fils de Louis XIV.

PHILIPPE V (1683-1746), Roi des Espagnes, 2e fils du précédent.

CHARLES III (1716-1788), 5e fils de Philippe V, père de Charles IV, de Don Gabriel, et de Ferdinand IV (voir *Deux-Siciles*).

I. — CHARLES IV (1748-1819)

Roi des Espagnes et des Indes, le 14 décembre 1788; abdique le 19 mars 1808. Il avait épousé à Saint-Ildefonse, le 4 septembre 1765, sa cousine-germaine,

*Dona-Marie-*Louise*-Thérèse de Bourbon* (1751-1819), fille du Duc de Parme, Don Philippe, et de Louise-*Elisabeth* de France (fille du Roi de France, Louis XV).

De ce mariage :

I. — FERDINAND VII (1784-1833)

Roi des Espagnes et des Indes, le 19 mars 1808, par suite de l'abdication de son père, le Roi Charles IV. Il avait épousé en quatrièmes noces, à Madrid, le 11 décembre 1820, sa cousine-germaine,

Marie-CHRISTINE *de Bourbon*, fille du Roi des Deux-Siciles, François Ier (voir page 44).

De ce mariage :

1° *Dona* Marie-*Isabelle*-Louise de Bourbon (1), née à Madrid, le 10 octobre 1830; mariée à son cousin, Don François-d'Assisse (voir page 33).

2° *Dona* Marie - *Louise* - Ferdinande de Bourbon, née à Madrid, le 30 janvier 1832; mariée au Duc de Montpensier (voir page 26).

II. — CHARLES V (1788-1855)

Don Charles-Marie-Isidore de Bourbon, Roi des Espagnes et des Indes, le 29 septembre

(1) Cette Princesse a occupé le trône, sous le nom d'Isabelle II, au détriment des Rois légitimes, Charles V, Charles VI et Jean III, du 29 septembre 1833 au 30 septembre 1868 ; elle a abdiqué, le 25 juin 1870, ses prétendus droits en faveur de son fils, Alphonse. — Tous les Princes et Princesses de la Maison des Espagnes portent le titre d'Infant ou d'Infante.

1833 ; abdique le 18 mai 1845, en faveur du Comte de Montémolin, Charles VI (1818-1861), son fils aîné ; prend depuis cette époque, le titre de *Comte de Molina*. Il avait épousé en premières noces, à Madrid le 29 septembre 1816, sa nièce, Dona Marie-*Françoise* d'Assise de Bragance et de Bourbon, fille du Roi de Portugal, Jean VI, et de Dona Charlotte Joachime de Bourbon (fille du Roi Charles IV), née le 22 avril 1800, morte le 4 septembre 1834. Remarié à Azcoitia, le 20 octobre 1838, à sa nièce,

Dona Marie-Thérèse-*Françoise-d'Assise-Antonie-Charlotte-Joséphine-Xavière-de-Paule-Michelle-Raphaëlle-Isabelle-Gonzague de Bragance et de Bourbon*, sœur de Dona Marie-Françoise-d'Assisse ; veuve de Don Pierre de Bourbon et de Bragance (voir page 37). Veuve du Roi Charles V, le 10 mars 1855.

Du premier mariage : Jean III.

JEAN III

Don Jean-Charles-Marie-Isidore de Bourbon *et de Bragance*, Roi des Espagnes et des Indes, le 13 janvier 1861, par la mort du Roi Charles VI, son frère aîné ; abdique le 3 octobre 1868. Né à Aranjuez, le 15 mai 1822 ; marié le 6 février 1847, à

Marie-Béatrix-*Anne-Françoise d'Este*, sœur

de Madame la Comtesse de Chambord; née
le 13 février 1824.

De ce mariage : Charles VII et Don Alphonse.

I. — Charles VII.

Don Charles-Marie-des-Douleurs-Jean-Isidore-Joseph-François-Quirin-Antoine-Michel-Gabriel-Raphaël de Bourbon et d'Este, Duc de Madrid, Roi des Espagnes et des Indes, le 3 octobre 1868, par suite de l'abdication du roi Jean III, son père, *Chef actuel de la Maison des Espagnes*. Né à Laybach (Autriche), le 30 mars 1848; marié au château de Frohsdorf, le 4 février 1867, à sa cousine :

Marguerite *de Bourbon*, fille du Duc de Parme, Charles III. (Voir page 57).

De ce mariage :

1º *Dona Blanche*-de-Castille-Marie-de-la-Conception-Thérèse-Françoise-d'Assise-Marguerite-Jeanne-Béatrice-Charlotte-Louise-Ferdinande-Adelgonde-Elvire-Ildefonse-Reine-Josèphe-Michelle-Gabrielle-Raphaëlle de Bourbon, née à Gratz, le 7 septembre 1868.

2º *Don Jacques*-Jean-Charles-Alphonse-Philippe de Bourbon, *Prince des Asturies*; né à la Tour, près Vevey, le 27 juin 1870.

3° *Dona Elvire* de Bourbon, née au Bocage, près de Genève, le 28 juillet 1871.

II. — Don Alphonse.

Don Alphonse - Charles - Ferdinand - Joseph-Jean-Pie de Bourbon et d'Autriche et d'Este, né à Londres, le 12 septembre 1849 ; marié au château de Heubach (Bavière), le 26 avril 1871, à sa cousine germaine,

Dona Marie - des - Neiges - *Isabelle - Eulalie-Charlotte - Adélaïde - Michelle - Raphaëlle - Gabrielle-Gonzague-de - Paule-et-d'Assise-Sophie-Inès-Romaine de Bragance*, fille du Roi de Portugal, Don Miguel Iᵉʳ et de Sophie-Amélie-*Adélaïde*-Louise - Jeanne - Léopoldine de Lœwenstein-Wertheim-Rochefort ; née à Heubach, le 5 août 1852.

III. — DON FRANÇOIS-DE-PAULE (1794-1865), DUC DE CADIX.

Don François-de-Paule-Antoine-Marie de Bourbon. Il avait épousé en premières noces, le 12 juin 1819, sa nièce,

Louise-*Charlotte-Marie-Isabelle de Bourbon* (1804-1844), fille du Roi des Deux-Siciles, François Iᵉʳ et de Marie-Isabelle de Bourbon (fille du Roi Charles IV).

De ce mariage : les sept Infants dont les noms suivent :

I. — Dona Isabelle.

Dona Isabelle-Ferdinande-Françoise-Joséphine de Bourbon, née le 18 mai 1821; mariée le 26 juin 1841, à Ignace, Comte Gurowski, né en 1812.

II. — Don François d'Assise.

Don François-d'Assise-Marie-Ferdinand de Bourbon, né à Aranjuez, le 13 mai 1822; marié à Madrid, le 10 octobre 1846, à sa cousine germaine,

*Dona Marie-*Isabelle *de Bourbon*, fille du Roi Ferdinand VII. (Voir page 30.)

De ce mariage :

1º *Dona* Marie-*Isabelle*-Françoise-d'Assise-Christine-Françoise-de-Paule-Dominique de Bourbon, née à Madrid, le 20 décembre 1851; veuve le 26 novembre 1871 de *Gaëtan de Bourbon*, Comte de Girgenti. (Voir page 47.)

2º *Don Alphonse*-François-d'Assise-Ferdinand-Pie-Jean-Marie-de-la-Conception-Grégoire-Pélage de Bourbon, né à Madrid, le 28 novembre 1857.

3º *Dona* Marie-*del-Pilar*-Bérenguéla-Isabelle-Françoise-d'Assise-Christine-Sébastienne-Gabrielle-Françoise-Carraciola-Saturnine de Bourbon, née le 4 juin 1861.

4º *Dona* Marie-*della-Paz*-Jeanne-Amélie-Adalberte-Françoise-de-Paule-Jeanne-Baptiste-Isabelle-Françoise-d'Assise de Bourbon, née le 23 juin 1862.

5º *Dona* Marie-*Eulalie*-Françoise-d'Assise-Marguerite-Roberte-Isabelle-Françoise-de-Paule-Christine-Marie-de-la-Piété... de Bourbon, née à Madrid, le 12 février 1864.

III. — Don Henri (1823-1870), Duc de Séville.

Don Henri-Marie-Ferdinand de Bourbon; il avait épousé à Rome, le 6 mai 1847,

Dona HÉLÈNE *de Castelli y Shelly Fernandez de Cordova* (morte en 1863).

De ce mariage :

1º *Don Henri*-Pie-Marie-François-de-Paule-Louis-Antoine de Bourbon, *Duc de Séville*, né le 3 octobre 1848.

2º *Don François*-Marie-Trinité-Henri-Gabriel-Michel-Raphaël-Edme-Bonaventure de Bourbon, né le 29 mars 1853.

3º *Don Albert*-Henri-Marie-Vincent-Ferrier-François-de-Paule-Antoine de Bourbon, né le 22 février 1854.

4º *Dona Marie*-del-Ovido-Isabelle-Françoise-Alphonsine-Hélène-Henriette-Louise de Bourbon, née à Madrid, le 28 septembre 1858.

IV. — Dona Louise.

Dona Louise-Thérèse-Françoise-Marie de Bourbon, née à Aranjuez, le 11 juin 1824; mariée, le 10 février 1847, au Duc de Sessa, *Don José-Osorio de Moscoso y Carbajal.*

V. — Dona Joséphine.

Dona Joséphine-Ferdinande-Louise-de-Guadalupe de Bourbon, née le 25 mai 1827; mariée, le 28 juin 1848, à *Don José Guell y Rente.*

VI. — Dona M.-Christine.

Dona Marie-Christine-Isabelle de Bourbon; née le 5 juin 1833; mariée, le 19 novembre 1860, à son cousin *Don Sébastien* de Bourbon et de Bragance. (Voir page 37.)

VI. — Dona Amélie.

Dona Amélie-Philippine-del-Pilar de Bourbon, née le 12 octobre 1834; mariée, le 25 août 1856, au Prince *Adalbert*-Guillaume-Georges-Louis de Bavière, né à Munich le 19 juillet 1828; fils du Roi de Bavière, Maximilien II.

II. — DON GABRIEL (1752-1788).

Ce Prince avait épousé :
Dona MARIE-*Anne-Victoire-Josèphe-Fran-*

*çoise-Xavière-de-Paule-Antoinette-Jeanne-Do-
minique-Gabrielle de Bragance* (1768-1788), fille
du Roi de Portugal, Pierre III, et de la Reine
Dona Maria.

De ce mariage :

DON PIERRE (1786-1812).

Don Pierre-Charles-Antoine-Raphael-Jo-
seph-Janvier-François-Jean-Népomucène-Tho-
mas-de-Villeneuve-Marc-Marcellin-Vincent-
Ferrier - Raymond - Nonnat - Pierre-d'Alcan-
tara-Ferdinand de Bourbon *et de Bragance*. Il
avait épousé, le 13 mai 1810, sa cousine germaine,

*Dona Marie-Thérèse de Bragance et de Bour-
bon*, fille du Roi de Portugal, Jean VI. (Voir
page 31.)

Don Sébastien.

*Don Sébastien-Gabriel-Marie de Bourbon et
de Bragance*, né le 4 novembre 1811; marié en
premières noces, le 26 mai 1832, à Marie-
Amélie de Bourbon (1818-1857), fille du Roi
des Deux-Siciles, François Ier; veuf le 6 novembre 1857; remarié le 19 novembre 1860, à
sa cousine,

*Dona Marie-*Christine *de Bourbon*, fille du
Duc de Cadix. (Voir page 34.)

Du second mariage :

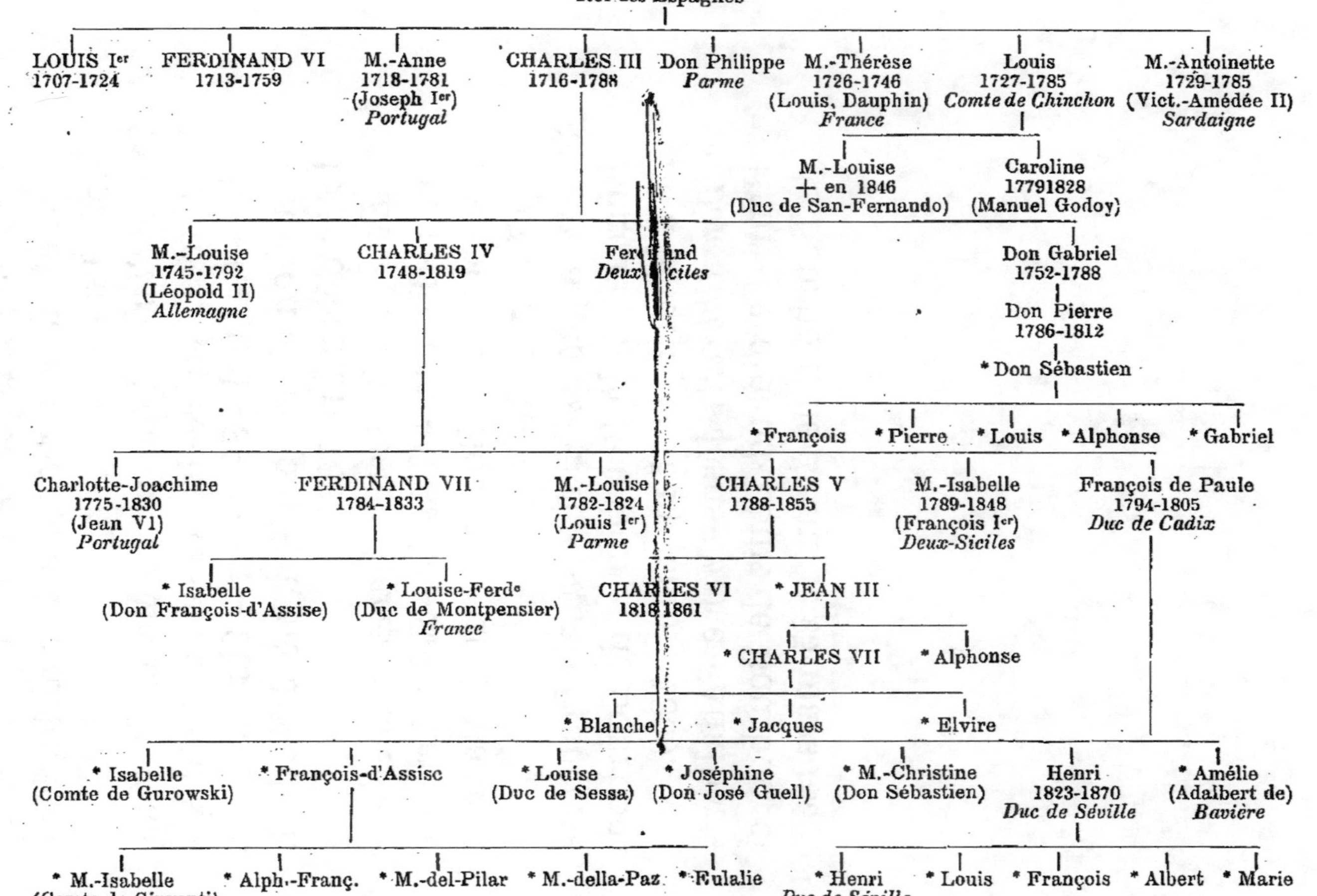

PHILIPPE V.
1683-1746
Roi des Espagnes

LOUIS Ier
1707-1724

FERDINAND VI
1713-1759

M.-Anne
1718-1781
(Joseph Ier)
Portugal

CHARLES III
1716-1788

Don Philippe
Parme

M.-Thérèse
1726-1746
(Louis, Dauphin)
France

Louis
1727-1785
Comte de Chinchon

M.-Antoinette
1729-1785
(Vict.-Amédée II)
Sardaigne

M.-Louise
+ en 1846
(Duc de San-Fernando)

Caroline
17791828
(Manuel Godoy)

M.-Louise
1745-1792
(Léopold II)
Allemagne

CHARLES IV
1748-1819

Ferdinand
Deux Siciles

Don Gabriel
1752-1788

Don Pierre
1786-1812

* Don Sébastien

* François   * Pierre   * Louis   * Alphonse   * Gabriel

Charlotte-Joachime
1775-1830
(Jean VI)
Portugal

FERDINAND VII
1784-1833

M.-Louise
1782-1824
(Louis Ier)
Parme

CHARLES V
1788-1855

M.-Isabelle
1789-1848
(François Ier)
Deux-Siciles

François de Paule
1794-1805
Duc de Cadix

* Isabelle
(Don François-d'Assise)

* Louise-Ferd°
(Duc de Montpensier)
France

CHARLES VI
1818-1861

* JEAN III

* CHARLES VII   * Alphonse

* Blanche   * Jacques   * Elvire

* Isabelle
(Comte de Gurowski)

* François-d'Assise

* Louise
(Duc de Sessa)

* Joséphine
(Don José Guell)

* M.-Christine
(Don Sébastien)

Henri
1823-1870
Duc de Séville

* Amélie
(Adalbert de)
Bavière

* M.-Isabelle
(Comte de Girgenti)
Deux Siciles

* Alph.-Franç.   * M.-del-Pilar   * M.-della-Paz   * Eulalie   * Henri
Duc de Séville
* Louis   * François   * Albert   * Marie

1o *Don François*-Marie-Isabel-Gabriel-Pierre-Sébastien-Alphonse de Bourbon et de Bourbon, né à Madrid, le 20 août 1861.

2o *Don Pierre*-d'Alcantara-Marie-de-Guadalupe-Thérèse-Isabel-François-d'Assise-Gabriel-Sébastien-Christine de Bourbon et de Bourbon, né à Madrid, le 12 décembre 1862.

3o *Don Louis*-Jésus-Marie-Isabel-Joseph-François-d'Assise-Sébastien de Bourbon et de Bourbon, né à Madrid, le 17 janvier 1864.

4o *Don Alphonse*-Marie-Isabel-François-Eugène... de Bourbon et de Bourbon, né à Madrid, le 15 novembre 1866.

5o *Don Gabriel*-Jésus-Marie-Adalbert-Henri-Ferdinand-Louis de Bourbon et de Bourbon, né à Pau, le 25 mars 1869.

DEUX-SICILES

S. M. FRANÇOIS II

Ce Monarque n'a pas joui longtemps de l'exercice du pouvoir royal.

A peine avait-il succédé à son père que Victor-Emmanuel envoyait les bandes garibaldiennes s'emparer de la Sicile et de Naples. Le terrain était depuis longtemps miné, l'insurrection se propagea avec une rapidité incroyable.

Le dernier soir de son séjour à Naples, le jeune Roi vit pleuvoir sur sa tête les démissions, et, dans son palais déserté, les lampes s'éteignaient faute d'une main pour les alimenter d'huile.

Cialdini, à la tête d'une armée sarde, s'avançait contre lui, après avoir envahi, au mépris du droit des gens, le territoire pontifical et écrasé, à Castelfidardo, une poignée de braves qui avaient voulu s'opposer à ses agissements sacriléges. François II se renferma à Gaëte : il y lutta pendant quatre mois et s'y couvrit de gloire, ainsi que la Reine, son épouse.

Napoléon, non content de l'abandonner, le livra lui-même à ses ennemis ; il donna ordre à la flotte française de quitter Gaëte et céda sa place à l'escadre piémontaise.

Cialdini ne perdit point de temps, il se mit à bombarder la ville avec un sang-froid qui rappelle celui des Prussiens bombardant Paris : il choisissait de préférence les hôpitaux comme point de mire.

Au mois de février 1860, le Roi fut obligé de capituler. Il se retira à Rome. Prince chrétien, il avait excité contre lui la rage des révolutionnaires ; Roi détrôné, le respect des cœurs honnêtes le suivit dans sa retraite. Le Saint-Père l'entoura constamment des honneurs dus à la majesté royale.

L'invasion de septembre le contraignit à ne plus séjourner dans cette ville.

Il est souvent venu en France. Pendant la dernière guerre, il s'est beaucoup occupé de nos blessés. Nos malheurs l'ont sensiblement affecté, car il n'oublie pas qu'il est Bourbon et que le sang français coule dans ses veines.

III. MAISON ROYALE DES DEUX-SICILES

HENRI IV (1553-1610), Roi de France et de Navarre.

LOUIS XIII (1601-1643), fils et successeur de Henri IV.

LOUIS XIV (1638-1715), fils aîné et successeur de Louis XIII.

Louis (1661-1711), *le Grand-Dauphin*, fils de Louis XIV.

PHILIPPE V (1683-1746), Roi des Espagnes, 2e fils du précédent.

CHARLES III (1716-1788), 5e fils de Philippe V.

FERDINAND IV ou Ier (1751-1825), 3e fils de Charles III, père de François Ier et du Prince de Salerne.

I. — FRANÇOIS Ier (1777-1830).

FRANÇOIS-JANVIER-JOSEPH DE BOURBON, Il avait épousé, en secondes noces, le 6 octobre 1802, sa cousine-germaine,

Marie-Isabelle de Bourbon, (1789-1848), fille du Roi des Espagnes, Charles IV.

De ce mariage :

I. — MARIE-CHRISTINE.

Marie-Christine-Ferdinande de Bourbon, née le 27 avril 1806, veuve (1), le 29 septembre 1833, du Roi des Espagnes, Ferdinand VII. (Voir page 30.)

II. — FERDINAND II (1810-1859).

Ferdinand-Charles de Bourbon, *Duc de Noto*, puis *de Calabre* (1825); Roi des Deux-Siciles, le 8 novembre 1830. Il avait épousé, en premières noces à Voltri, le 21 novembre 1832, Marie-*Christine*-Caroline-Joséphine-Gaëtane-Elise de Savoie (2) (1812-1836); fille du Roi de Sardaigne, Victor-Emmanuel Ier, et de Marie-Thérèse d'Este, Archiduchesse d'Autriche (sœur du Duc de Modène, François IV); dont il a eu François II. Veuf le 31 janvier 1836 ; remarié à Naples, le 27 janvier 1837, à

Marie-Thérèse-*Isabelle de Lorraine*, Archi-

(1) Remariée secrètement le 28 décembre 1833, à un garde du corps, nomme Jean-Fernando Mûnoz, créé depuis Duc de Rianzarès. Ce mariage a été consacré publiquement le 13 octobre 1844.

(2) La Reine Christine est sur le point d'être canonisée. Elle était la sœur de la Duchesse douairière de Parme, grand'mère du Duc Robert Ier (voir page 58). Du chef de leur père, Victor-Emmanuel 1er, elles sont les tantes de Victor-Emmanuel II ; du chef de leur mère, les tantes et grand'tantes maternelles de Madame la Comtesse de Chambord, du Duc de Modène, et de la mère de Don Carlos.

duchesse d'Autriche (1816-1867), fille de l'Archiduc d'Autriche Charles et de *Henriette-
Alexandrine-Frédérique-Wilhelmine de Nas-
sau-Weilbourg*; sept enfants.

De ce Roi :

I. — François II.

*François-d'Assise-Marie-Léopold de Bourbon,
Duc de Calabre ;* puis, Roi des Deux-Siciles, le
22 mai 1859; spolié de ses Etats par son cousin, le Roi de Sardaigne (1860) ; *Chef actuel
de la Maison des Deux-Siciles.* Né le 16 janvier 1836; marié à Bari, le 3 février 1859, à

Marie-*Sophie-Amélie de Bavière*, fille de
Maximilien-Joseph de Bavière, Duc en Bavière, et de *Louise*-Wilhelmine de Bavière
(fille du Roi de Bavière, Maximilien Ier) ; sœur
de la Duchesse d'Alençon et de l'Impératrice
d'Autriche. Née à Possenhofen (Bavière), le 4
octobre 1841.

II. — Louis, Comte de Trani.

Louis-Marie de Bourbon, né le 1er août 1838;
issu du 2° mariage du Roi Ferdinand II; marié
à Possenhofen, le 5 juin 1861, à

Mathilde-*Ludovique de Bavière,* sœur de la
Reine Marie; née à Possenhofen, le 30 septembre 1843.

De ce mariage :

Marie-*Thérèse*-Madeleine de Bourbon,
née à Zurich, le 15 janvier 1867.

III. — Alphonse, Comte de Caserte.

Alphonse - Marie - Joseph - Albert de Bourbon,
né le 28 mars 1841; marié à Rome, le 8 juin
1868, à sa cousine germaine,
Marie-ANTOINETTE *de Bourbon*, fille du Comte
de Trapani. (Voir page 49.)
De ce mariage :

1° *Ferdinand*-Pie-Marie de Bourbon, né à
Rome, le 25 juillet 1869.
2° *Charles*-Marie-François-d'Assise-Pas-
cal - Ferdinand - Antoine - de - Padoue-
François - de - Paule - Alphonse - André-
Avellino-Tancrède de Bourbon, né à
Gries, près Botzen, le 10 novembre
1870.

IV. — Immaculée.

Marie-Immaculée-Clémentine de Bourbon, née
le 14 avril 1844; mariée, le 19 septembre 1861,
à son cousin germain, *Charles-Salvator*-Ma-
rie-Joseph - Jean-Baptiste-Jacques - Philippe-
Janvier-Louis-Gonzague-Rénier de Lorraine,
Archiduc d'Autriche (Toscane); fils du Grand-
Duc Léopold II et de Marie-Antoinette de
Bourbon (voir page 48); né le 30 avril 1839.

V. — Gaëtan (1846-1871), Comte de Girgenti.

Gaëtan-Marie-Frédéric de Bourbon; il avait épousé, à Madrid, le 14 mai 1868, sa cousine, *Dona* Isabelle *de Bourbon*, fille de Don François-d'Assise. (Voir page 34.)

VI. — Marie-des-Grâces, D. de Parme.

Marie-des-Grâces-Pie de Bourbon, née à Gaëte, le 2 août 1849; mariée à son cousin, le Duc de Parme, Robert Ier. (Voir page 58.)

VII. — Pascal, Comte de Bari.

Pascal-Marie-del-Carmen-Jean-Vincent-Ferrier de Bourbon, né le 15 septembre 1852.

VIII. — Louise.

Marie-Immaculée-Louise de Bourbon, née le 21 janvier 1855.

III. — LÉOPOLD (1813-1860), COMTE DE SYRACUSE.

Léopold-Benjamin-Joseph de Bourbon. Il avait épousé à Naples, le 16 juin 1837 :
*Marie-*Victoire*-Louise-Philiberte de Savoie-Carignan*, fille de Joseph de Savoie, Prince de Carignan, et de Pauline-Antoinette-Béné-

dictine-Marie De Quélen de la Vauguyon ; née le 29 septembre 1814 ; veuve le 4 décembre 1860.

IV. — ANTOINETTE, G.-D. DE TOSCANE.

MARIE-ANTOINETTE-ANNE DE BOURBON, née le 19 décembre 1814 ; mariée le 7 juin 1833, au Grand-Duc de Toscane, Léopold II, né le 3 octobre 1797 ; veuf (le 24 mars 1832) de sa première épouse, Marie-*Anne*-Caroline de Saxe.

V. — THÉRÈSE, IMP. DU BRÉSIL.

THÉRÈSE-CHRISTINE-MARIE DE BOURBON, née le 14 mars 1822, mariée le 4 septembre 1843 à son cousin, l'Empereur du Brésil, Dom Pedro II, né le 2 décembre 1825.

VI. — LOUIS, COMTE D'AQUILA.

LOUIS-CHARLES-MARIE-JOSEPH DE BOURBON, né le 19 juillet 1824 ; marié à Rio-de-Janeiro le 28 avril 1844, à sa cousine,
Dona JANUARIA-*Marie-Jeanne-Charlotte-Léopoldine-Candide-Françoise-Xavière-de-Paule-Michelle-Gabrielle-Raphaëlle-Gonzague de Bragance*, fille de l'Empereur du Brésil, Dom Pedro Ier, et de *Léopoldine*-Caroline-Josèphe de Lorraine, Archiduchesse d'Autriche.

De ce mariage :

1º *Louis*-Marie - Ferdinand - Pierre-d'Al-
cantara de Bourbon (1), né le 18 juillet
1845.

2º *Philippe*-Louis-Marie de Bourbon, né le
12 août 1847.

VII. — FRANÇOIS, COMTE DE TRAPANI.

FRANÇOIS-DE-PAULE-LOUIS-EMMANUEL DE BOUR-
BON, né le 13 août 1827 ; marié, le 10 avril
1850, à

MARIE-ISABELLE - *Annonciade* - *Louise* - *Anne*-
Jeanne-*Josèphe*-*Humilité*-*Appollonie*-*Philomène*-
Virginie-*Gabrielle de Lorraine*, Archiduchesse
d'Autriche, fille du Grand-Duc de Toscane,
Léopold II, et de sa première épouse, Marie-
Anne-Caroline de Saxe ; née le 21 mai 1834.

De ce mariage :

1º Marie - *Antoinette* - Joséphine - Léopoldine de Bourbon, née le 16 mars 1851 ;
mariée au Comte de Caserte. (Voir
page 46.)

2º Marie-*Caroline*-Joséphine - Ferdinande
de Bourbon, née à Naples, le 20 mars
1856.

(1) Marié à New-York, au bureau de police, le
22 mars 1869, à Marie-Amélie Du Hamel, née le
19 juin 1817.

II. — LÉOPOLD (1790-1851)

PRINCE DE SALERNE.

LÉOPOLD-JEAN-JOSEPH DE BOURBON. Il avait épousé à Schœnbrunn, le 28 juillet 1816, sa nièce,

Marie-*Clémentine-Françoise-Josèphe de Lorraine*, Archiduchesse d'Autriche, fille de l'Empereur d'Allemagne, François II, et de Marie-*Thérèse*-Caroline-Joséphine de Bourbon (fille de Ferdinand Ier); née le 1er mars 1798; veuve le 10 mars 1851.

PARME

S. A. R. ROBERT IER

Le nom de M. le Duc de Parme évoque le souvenir de sa mère, Louise de France, sœur de Henri V.

On n'a point oublié la situation critique où se trouvait l'État de Parme à la mort du Duc Charles III : le trésor était vide et obéré, le peuple mécontent, l'industrie et le commerce paralysés. Les premiers actes de la Régente inaugurèrent une ère nouvelle, la confiance revint, les charges diminuèrent. Il n'y eut en Europe qu'un cri d'admiration.

Forcée une première fois de quitter ses États par suite des intrigues piémontaises, elle y revient quatre jours après, rappelée par l'amour de tout son peuple.

Mais Victor-Emmanuel ne se tient pas pour battu, il profite de la guerre d'Autriche pour s'en emparer. La Duchesse-Régente proteste et se retire en Suisse, où elle se voue uniquement à l'éducation de ses enfants.

A son lit de mort, elle lègue ce soin à son frère, M. le Comte de Chambord ; M. le Duc de Parme ne pouvait avoir un meilleur maître.

En 1868, nous le voyons offrir au Saint-Père son épée, affirmer ainsi les grands principes qui doivent guider toute politique royale et chrétienne.

PARME.

PHILIPPE V
1638-1746

Don Philippe
1720-1765

Dona Isabelle
1743-1763
(Joseph II)
Allemagne

Don Ferdinand
1751-1802

Dona M.-Louise
1751-1819
(Charles IV)
Espagnes

Louis Ier
1773-1803

Caroline
1770-1804
(Maximilien-M.)
Saxe

Marie-Louise
1802-1857
(Maximilien)
Saxe

* Charles II Louis

Charles III
1820-1854

* Marguerite
(Charles VII)
Espagnes

* Robert

* Alice
(Ferdinand IV)
Toscane

* Henri
Comte de Bardi

* M.-Louise

* Louise

* Henri

Ferdinand
1871-1872

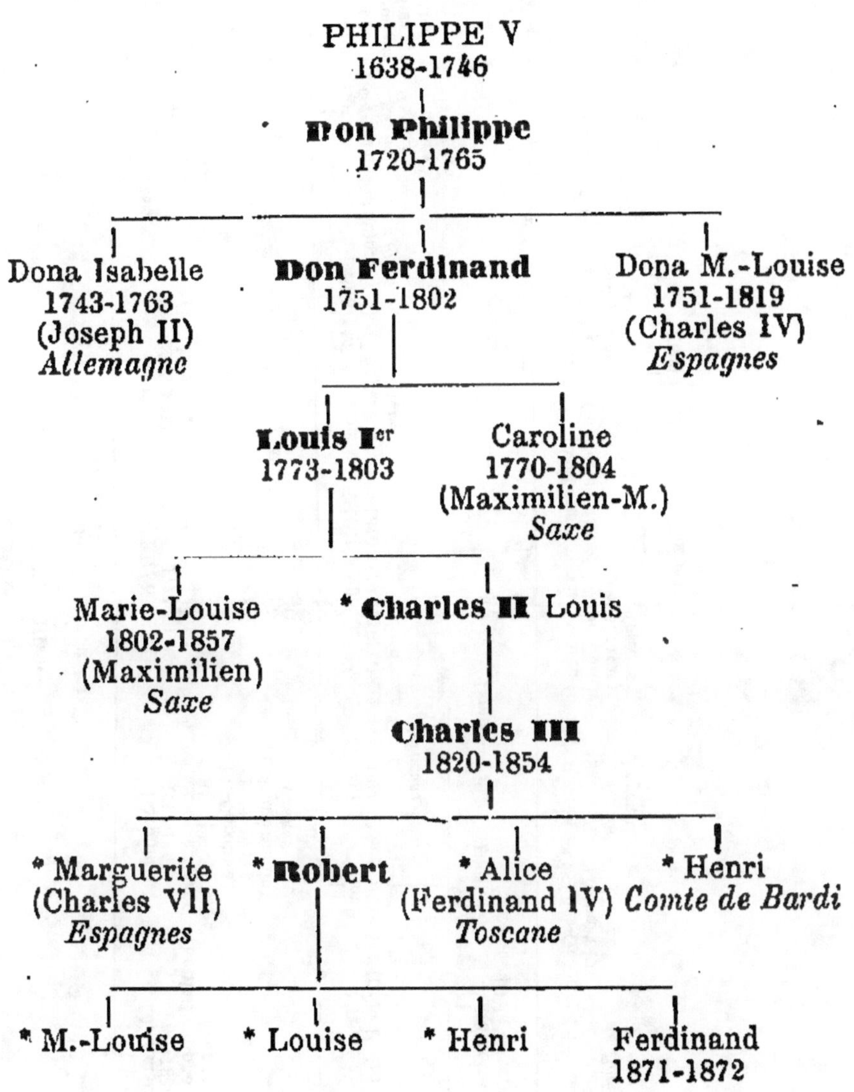

DEUX-ILES.

FERD.ND Ier
1751-1825
Roi des Deux-Siciles

M.-Thérèse
1772-1807
(François II)
Allemagne

Louise
1773-1802
(Ferdinand III
Toscane

FRANÇOIS II
1777-1830

Léopold
1790-1851
Prince de Salerne

M.-Caroline
1822-1869
(Duc d'Aumale)
France

M.-Amélie
1782-1866
(Louis-Philippe d'Orléans)
France

Caroline
1798-1870
(Duc de
Berry)
France

Louise
1804-1844
(Duc de
Cadix)
Espagnes

*M.-Christine
(Ferdinand VII)
Espagnes

*M.-Antoinette
(Léopold II)
Toscane

FERDINAND
1810-1859

Ch.-Ferd.
1811-1862
*Prince de
Capoue*

Léopold
1818-1860
*Comte de
Syracuse*

*Louis
Comte d'Aquila

*Thérèse
(Dom Pedro II)
Brésil

*François-de-
Paule
*Comte de
Trapani*

Louis

Philippe

M.-Antoinette
(Comte de Caserte)

M.-Caroline

*FRANÇOIS II

*Louis
Comte de Trani

*M.-Thérèse

M.-Annonciade
1843-1871
(Arch. Charles-
Louis)

*Alphonse
Comte de Caserte

*Immaculée-Clém.
(Arch. Charles-
Salvator)
Toscane

Gaëtan
1846-1871
*Comte de
Girgenti*

*M.-des-Grâces
(Robert Ier)
Parme

*Pascal
*Comte
de Bari*

*Imm.-Louise

Christine
1869-1870

*Ferdinand

*Charles

IV. MAISON DE PARME

HENRI IV (1553-1610), Roi de France et de Navarre.

LOUIS XIII (1601-1643), fils et successeur de Henri IV.

LOUIS XIV (1638-1715), fils aîné et successeur de Louis XIII.

Louis (1661-1711), *le Grand-Dauphin*, fils de Louis XIV.

PHILIPPE V (1683-1746), Roi des Espagnes, 2e fils du précédent.

Don Philippe (1720-1765), Duc de Parme, 6e fils du précédent.

Don Ferdinand (1751-1802), fils du précédent.

LOUIS Ier (1773-1803), fils du précédent, père de

CHARLES II

CHARLES-LOUIS DE BOURBON, Roi d'Étrurie (1803-1807), sous le nom de Louis II ; Duc de Lucques (1824-1847), sous le nom de Charles-Louis, après la mort de sa mère, *Marie-Louise*-Joséphine-Antoinette de Bourbon (1782-1824), fille du Roi des Espagnes, Charles IV; enfin, Duc de Parme (1847), sous le nom de Charles II, à la mort de Marie-Louise de Lorraine, Archiduchesse d'Autriche (épouse de Napoléon Ier); abdique le 14 mars 1849, en faveur de son fils Charles III. Né à Madrid, le 22 décembre 1799; marié le 5 septembre 1820, à

Marie-Thérèse-*Ferdinande-Félicie-Gaëtane-Pie de Savoie*, fille du Roi de Sardaigne, Victor-Emmanuel Ier, et de Marie-Thérèse d'Este, Archiduchesse d'Autriche (sœur du Duc de Modène, François IV); née le 19 septembre 1803.

De ce mariage : Charles III.

CHARLES III (1823-1854).

Ferdinand-Charles-Joseph-Marie-Victor-Balthazar de Bourbon, *Duc de Parme* (1849) par l'abdication de son père. Il avait épousé à Frohsdorf, le 10 novembre 1845,

Louise-*Marie-Thérèse d'Artois* (1819-1864), fille du Duc de Berry; sœur du Roi de France, Henri V.

De ce mariage :

I. — Marguerite, Reine des Espagnes.

Marguerite-Marie-Thérèse-Henriette de Bourbon, née le 1er janvier 1847; mariée à son cousin, le Roi des Espagnes, Charles VII. (Voir page 32.)

II. — Robert Ier.

Robert-Charles-Louis-Marie, Duc de Parme, le 27 mars 1854; spolié de ses Etats le 9 juin 1859 par le Roi de Sardaigne; *Chef actuel de la Maison de Parme.* Né à Florence, le 9 juillet 1848; marié à Rome, le 5 avril 1869, à sa cousine,

Marie-*des-Grâces de Bourbon,* fille du Roi des Deux-Siciles, Ferdinand II. (Voir page 47.)

De ce mariage :

    1o *Marie*-Louise - Pie - Thérèse-Anne-Ferdinande-Françoise-Antoinette-Marguerite-Joséphine-Caroline-Blanche-Lucie-Appollonie de Bourbon, née à Rome, le 17 janvier 1870.

    2o *Louise*-Marie - Annonciade-Henriette-Thérèse de Bourbon, née à Cannes, le 24 mars 1872.

    3o *Henri*-Louis-Charles-Albert de Bourbon, né à Wartegg (Suisse), le 12 juin 1873.

III. — Alice, G.-D. de Toscane.

Alice-Marie-Caroline - Ferdinande-Rachelle-Philomène de Bourbon, née le 27 décembre 1849; mariée à Frohsdorf (Autriche), le 11 janvier

1868, au Grand-Duc de Toscane, *Ferdinand IV*, né le 10 juin 1835, fils du Grand-Duc Léopold II et de Marie-*Antoinette* de Bourbon (fille du Roi des Deux-Siciles, François Ier); Grand-Duc, le 21 juillet 1859; spolié de ses Etats par le Roi de Sardaigne.

IV. — Henri, Comte de Bardi.

Henri-Charles-Louis-Georges-Abraham-Paul-Marie de Bourbon, né à Parme, le 12 février 1851.

LES QUARANTE-CINQ PRINCES

DE LA

MAISON DE BOURBON

<table>
<tr><td>

FRANCE (17)
HENRI V......... 14
Comte de Paris.. 19
Duc d'Orléans... 19
Duc de Chartres.. 19
Robert 19
Henri........... 20
Duc de Nemours. 20
Comte d'Eu...... 21
Duc d'Alençon... 21
Philippe........ 21
Prince de Joinville 22
Duc de Penthièvre 23
Duc d'Aumale.... 23
D. de Montpensier 23
Ferdinand....... 26
Antoine 26
Louis........... 26

ESPAGNE (15)
Jean III......... 31
CHARLES VII..... 32
Jacques......... 32
Alphonse....... 33
François-d'Assise. 34
Alphonse........ 34

</td><td>

Duc de Séville... 36
François......... 35
Albert.......... 35
Sébastien....... 37
François........ 40
Pierre 40
Louis.......... 40
Alphonse........ 40
Gabriel......... 40

DEUX-SICILES (10)
FRANÇOIS II...... 45
Comte de Trani.. 45
Comte de Caserte. 46
Ferdinand....... 46
Charles......... 46
Comte de Bari... 47
Comte d'Aquila.. 48
Louis........... 49
Philippe........ 49
Comte de Trapani 49

PARME (3)
Charles II....... 56
ROBERT I...... 57
Henri 58

</td></tr>
</table>

LES CINQUANTE-QUATRE PRINCESSES

DE LA

MAISON DE BOURBON

FRANCE (17).
- *Marie-Thérèse* 14
- Comtesse de Paris. 19
- M.-Amélie........ 19
- Hélène 19
- Duch° de Chartres. 23
- Amélie 20
- Marguerite 20
- *Comtesse d'Eu* 21
- *Duch° d'Alençon* .. 21
- Louise........... 21
- Pr° Czartoryska .. 21
- Blanche 22
- Pr° Clémentine... 22
- *Pr° de Joinville* ... 22
- Isabelle.......... 23
- Christine 26
- M-de-las-Mercedes 26

ESPAGNE (17).
- Isabelle.......... 30
- D° de Montpensier 30
- *M.-Thérèse* 31
- *M.-Béatrix* 31
- Blanche 32
- Elvire 33
- *M.-des-Neiges*..... 23
- C° Gurowski...... 34
- C° de Girgenti... 34
- M.-del. Pilar..... 34

- M.-della-Paz 35
- Eulalie 35
- Marie 35
- Duch° de Sessa .. 36
- Joséphine 36
- M.-Christine..... 36
- Amélie 36

DEUX-SICILES (15).
- M.-Christine 44
- *Marie*............ 45
- *Mathilde* 45
- M.-Thérèse 46
- Immaculée........ 46
- Duch° de Parme.. 47
- Louise........... 47
- *C° de Syracuse* 47
- Antoinette (Tosc.) 48
- Thérèse (Brésil).. 48
- Comt° d'Aquila... 48
- Comt° de Trapani. 49
- Comt° de Caserte. 49
- M.-Caroline 49
- Pr° de Salerne ... 50

PARME (5).
- *M.-Thérèse* 57
- Marguerite 57
- Marie 58
- Louise........... 58
- Alice (Toscane) .. 58

(*) Les italiques indiquent celles de ces Princesses qui n'en font partie que par alliance.

TABLE DES MATIÈRES

F. Aureau — Imprimerie de Lagny.

EN VENTE A LA MÊME LIBRAIRIE

ALMANACH
Du vrai Catholique

POUR L'AN DE GRACE 1874

Brochure in-16 de 32 pages très-compactes.

Cette publication exclusivement religieuse se recommande à la propagande catholique par la modicité de son prix et le charme de ses articles.

PRIX : **10** cent. — Franco : **15** cent.

25 Exemplaires. .	**1** fr. **90** ; *franco* . .	**2** fr. **30**
100 — . .	**6** fr. **70** ; — .	**8** fr. **10**
500 — . . **30** fr. » ; **1000** . **56** »			

LMANACH DES HONNÊTES GENS
POUR 1874

Par un enfant du peuple.

DEUXIÈME ANNÉE

Brochure in-16 de 32 pages (mêmes prix que la précédente). Nous espérons que la propagande royaliste lui fera un accueil encore plus favorable que l'an dernier, où **23,000** exemplaires ont été promptement vendus.

Pour paraître en novembre prochain,

Almanach
DES AMES PIEUSES

Orné de plusieurs gravures

PRIX : **50** cent. — *Franco* : **60** cent.

Bonnes œuvres, pèlerinages, anecdotes sur S. S. Pie IX. Instruction religieuse, traits édifiants, culte du Sacré-Cœur.

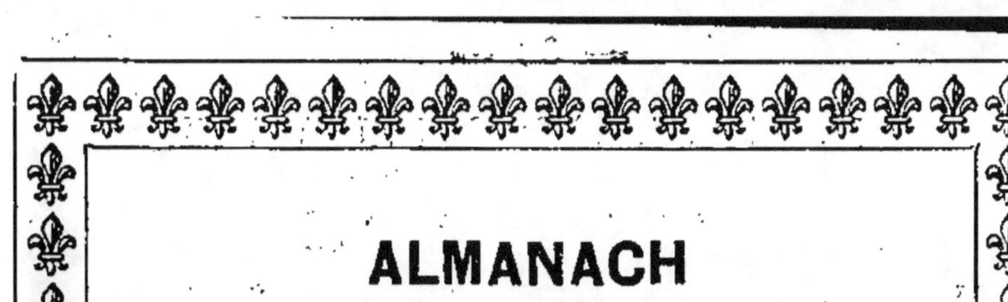

ALMANACH
DES AMIS DE HENRI V

POUR L'ANNÉE 1874

Brochure in-32, sur beau papier glacé

PRIX : **50 cent.** — *Franco* : **60 cent.**

Le premier tirage a été épuisé en trois semaines.

VIVE LE ROI

Musique de M. E. de Penaranda. — Paroles de
M. E. Rolly.

In-4°. — PRIX : **5 fr.**

LE DRAPEAU BLANC

Musique de M. A. de B***. — Paroles de
M. J. Blanchon.

In-4°. — Prix net : **1 fr. 50 cent.**

Pour paraître en novembre prochain.
DIEU ET LE ROI

ALMANACH ROYALISTE
POUR 1874

Par GRAND

DEUXIÈME ANNÉE

Il reste encore quelques exemplaires de la première
année, ornée d'une belle photographie du Roi, prix :
50 cent.; *franco* : **60 cent.**